Livro para ler, guardar ou colocar na parede!

Mais de mim
Leticia Spiller

Ilustrações de
Maureen Miranda

Abajour BOOKS

São Paulo, 2018
www.abajourbooks.com.br

Mais de mim

Copyright© Abajour Books 2018
Todos os direitos para a língua portuguesa reservados pela editora.
A Abajour Books é um selo da DVS Editora Ltda.

Nenhuma parte dessa publicação poderá ser reproduzida, guardada pelo sistema "retrieval" ou transmitida de qualquer modo ou por qualquer outro meio, seja este eletrônico, mecânico, de fotocópia, de gravação, ou outros, sem prévia autorização, por escrito, da editora.

Diagramação: Spazio Publicidade e Propaganda
Capa: Pablito Kucarz

```
            Dados Internacionais de Catalogação na Publicação (CIP)
                    (Câmara Brasileira do Livro, SP, Brasil)

        Spiller, Leticia
            Mais de mim / Leticia Spiller ; ilustrações de
        Maureen Miranda. -- São Paulo : Abajour Books, 2018.

            ISBN 978-85-69250-17-3

            1. Poesia brasileira I. Miranda, Maureen.
        II. Título.

   18-13997                                               CDD-869.1
```

            Índices para catálogo sistemático:

        1. Poesia : Literatura brasileira   869.1

amostra Mais de mim

https://conteudo.dvseditora.com.br/amostra-mais-de-mim

Como ler Leticia Spiller?

Nos últimos meses tive uma oportunidade única: navegar pelo coração da Leticia nos seus poemas e mensagens. Fiz isso com o intuito de editar, aliás, editar sem editar. E esse foi o grande desafio. A Leticia, num ato de generosidade, mostrou-me os seus cadernos de anotações, onde deixou que a alma fluísse, sem filtros, sem restrições ou barreiras.

Diante de tanta beleza, como editar (sem editar)?

Letícia quer que você conheça uma Leticia que não a mulher pública, mas a mulher privada, interna. Esse privilégio, por meio deste livro, não será mais de poucos, mas de todos os que atentarem para o que ela tem a nos dizer e ensinar. Respeitei, então, totalmente o original de cada texto. Editei, por assim dizer, sem editar. Para que a sua experiência de leitor seja genuína, tomei cuidado. Cuidei para compreender a Letícia, para não mudar palavras nem pontuação, nem mexer na ausência de pontuação ou palavras. O coração fala numa linguagem de pouca gramática, de pouco senso. O coração fala línguas. O da Leticia fala! O coração não exige grandes orientações de leitura. Roga, porém, que sejamos vagarosos, que interpretemos, que, acima de tudo, sintamos.

Nas próximas páginas, Leticia se fará sentir.

Aproveitem comigo esse raro e belo momento.

James McSill

O motivo de escrever este livro é partilhar mais do que sou além da imagem, além do que as pessoas estão acostumadas a me conhecer. Minha profissão requer muita exposição, mas não a exposição desse "eu" profundo que também habita em mim. Eu gostaria que vocês conhecessem mais profundamente a Leticia, e quem sabe, e aí sim, o verdadeiro sentido para mim de transformar em realidade este sonho; trazer inspiração e reflexão a quem for tocado. Agradeço especialmente a minha fadinha, Maureen Miranda, que com suas 'artes' me faz mais feliz, e ao amigo e padrinho mágico, James McSill, para eles não existe o impossível!

Leticia Spiller

Já vou a quatro décadas de profissão, dentro das minhas humildes habilidades, tenho a honra de ajudar pessoas e empresas a contarem as suas histórias, a expressar o que lhes vai no coração ou na mente. Dentro do meu trabalho, entretanto, deparo-me com momentos especiais. Como sou uma pessoa movida pelo coração, os momentos mais lindos são aqueles em que ganho novos amigos e me apaixone pelo que são capazes de realizar. E assi foi com a Leticia, comecei a trabalhar com uma grande atriz e autora sensível e concluo o meu trabalho ganhando uma grande amiga. O meu ofício me proporciona esses presentes, razões primordiais da minha felicidade e, por que não, do meu sucesso.

James McSill

Agradecimentos

Dedico este livro a Pedro e Stella, meus eternos poemas, bem como a todos que partilham comigo a vida; meus amores, meus amigos, minha família; minhas inspirações.

Leticia

Dedico esse livro a forma de amor mais verdadeira que existe, a amizade. Acredito que esse é o elo mais forte entre as pessoas, aonde o amor existe livre, onde há soma, transbordamento e confiança. Acredito que ser amigo é poder ficar em silêncio sentados lado a lado e ser a conversa mais compreensível de todas. Por esse e outros motivos, que desenhei essas emoções para você, Leticia. Dedico também aos meus amigos Neco Yaros e Paulo Pesinato, a minha irmã Rochelle Miranda, que sempre confia nas minhas andanças artísticas e por fim, mas sem fim, ao James que nos aninhou nesse trabalho.

Maureen

Mais de mim

Meu coração...

Mais de mim.

Mais de mim

Carne sangue corpo do divino
Parte de tudo o que é natureza
Líquido precioso líquido
Confirma nossa filiação
Mãe e pai da eternidade
Qualifica meu espírito
Sou todo, sou toda gratidão
Humildade e nobreza do meu coração
Cavalo iluminado de branca paz
Cega os olhos de comiseração
Escudo que combate escória
Para o que quem onde e quando apenas existe a vitória

Quero ser colorida
Secar toda ferida
Ter fé na vida
Sei que nada é fácil
No meu caminho tudo vem pelo aço
O que não faz bem eu desfaço
Destino de quem nas pedras prefere andar descalço
Quero viver como passarinho
Suportar com leveza o peso do meu coração
E quando valer a pena
Construir meu ninho

Mais de mim

Pedro

A doce pimenta branca que eu plantei, dorme agora quietinha na cama
Contemplo seus cabelos de fogo e penso:
Como pode abrigar tanto amor, tanta ternura
Sim... ainda há de fazer arder muitos corações... muitos olhos, bocas...
Com certeza nem imagina
Melhor viver vida saudável de pimentinha
Saltar, correr, pular
Daqui pra lá
De lá pra cá
Sem pensar
Só tomando sol e chuva
Pra regar e iluminar

                    Pedro é Pedra, Peña, Penhasco
             Fiquei em estado de graça ao toque do seu sinal
                        Cabeça que descompassa
                              come sonho
                              dorme amálgama
                              Solidez empírica
                                  é possível?
              Para ser água é preciso encontrar pedras...
             lanço-me às pedras e elas se misturam ao mar

Pedro me dá coragem
Pedro é fortaleza do mais puro viver
gerar amor pra trapacear a dor
Pedro é ogan de tambor sua batida é pedra e puro sopro gingado crioulo
de umbigada minha
Pedro é preto de brancura de sarda de fervo de bicho de goiaba de macaco branco
de mico leão dourado
Rara espécie nesse mundão a ser cultivado

Mais de mim

Stella

Você é presente de aniversário da mamãe
Presente de 12 de junho do papai
Presente de vida do irmão
Quando você era apenas do desconhecido a conexão
Já era vida em meu coração
Toda alegria em te ver chegar existia e existe em meu sonho
tão real que te posso tocar
carregar em meus braços
Querer te acalentar
te amamentar
ver tua cor
Teus olhos meus olhos a te cuidar
Minha menina
Nosso anjo que vai chegar

                                                Poesia de filha
                                  É sol é lua é rio e é mar
                                        É cantiga inventada
                                    No coração pra sonhar
                                Sapequice de pé no chão
                                          Irmão guardião
                                            Amor de filha
                                Sem tamanho nem lugar
                                    Mulher ao quadrado
                                       Mulher ao cubo
                              Mulher infinitamente mulher
                                    Num círculo universal
                                    Sem começo nem fim
                                  Reconhecimento de mim
                            Poesia, poesia, poesia de filha

Uma estrela uma luz trazida pelo amor
Lúdica forte visionária filha de aquário
Amante dos desafios da busca pelo novo
Da inteligência e sabedoria
Lúdica lúdica lúdica filha do amor
Poesia
Nossa
Stella

Mais de mim

Hace falta
Mirar todos los dias en tus ojos
un paisaje un regalo de Dios
espejismo en el desierto
Hace falta
Nuestros cuerpos desnudos por la mañana
calentados por toda la noche reconfortándose en
el calor de sus presencias. Alimentándose uno del
otro al terminar el dia y empezar la madrugada
Hace falta
Preparar juntos el desayuno ganando fuerzas
y conociendo sorpresas enamorandose mas
y mas
Hace falta
Tu boca invitandome a besar y pidiendo para casar
Hace falta
Sus manos tan presentes y habilidosas
en todo lo que haces
Hace falta
Escuchar tu melodia suave precisa fuerte
y cautivadora devotada en su arte
Que me mata adentro... que me hace florecer...
Haces falta

                                      Hoy mi vestido es de color de rosa
                                  Quiero perfumes y flores en mi altar
                                      Rojo corazón de mi eterna rapariga
                      A festejar baillando en los tablados imaginarios
                                      Tiene rosas por entre sus piernas
                                          Y dulce olor de su ardor
                                          Y la miel viene bendecir
                                              Su deseo de amar

Eu tenho um amor em segredo
Um amor como nenhum outro
Que me faz lembrar da ternura perdida
Um amor que não quero perder jamais
Reconhecimento de minha essência
Do seu olhar chovem mil planetas, constelações,
poeiras por onde passei
E cada pedaço do meu corpo
Faz doer o coração

Mais de mim

Uma joia um par
Granada...
Que aos meus olhos faz chorar e meu coração se alegrar
Teus pés no chão a marcar o compasso do meu peito a ressoar
e mais que vibrar
Servir... encantar...
Que parece voar o sonho que carrego
Encantada me voy... Por meu amor agraciada acariciada
adentro... giro... giro
Estou perdida... Não quero a despedida...
Assim me vou despida aniversariar tão significativo ano de vida
a verdade que se dispõe no meio da travessia
Momento mais mágico não há
Que o dia em que te vi tocar
No meio da estrada a delirar, sonhos de menina só pra mim
poesia no ar... dançar.
Que não me falte oportunidade para admirar e essa excelência
exaltar e me orgulhar... pela história de meu benzinho mais
precioso... estar

Continuo com meus sonhos de menina
Passeio de bici a beira mar
Coleção de por do sol
Dançar pra você tocar
Teu sorriso soslaio me leva no embalo
Balaio pra se ninar

    Por que ainda sinto o peito bater
Minha garganta apertar e de pronto me emocionar?
Te espero com lembranças cravadas
Com amor impensado
Com desconcerto e euforia de quem se prepara para festa
para te dar a calma e o sonho que talvez tu deixaste de acreditar
Porque sinto querer o choro chorar?
Tu me emocionas antes mesmo de chegar
Me bagunças me revolves mesmo quando na ausência
Quando me enfeito pra te ver passar
Quando quero o teu olhar

Mais...

E fez-se a luz!
Existe ternura e mais delicadeza neste olhar que contemplo
Fazendo refletir esta beleza... que mora em mim, que habita em tudo
que quer se revelar no mundo de maneira especial, quebrando velhos tabus,
reinventando o novo sem criar resistências, amando incondicionalmente
Sim! Eu digo sim! Esta palavra que abre portas é a chave para toda dor
é rendição, é amor de verdade, é amizade e paz.

de mim

Bom dia da cidade cinza na ânsia de um porvir.
Beijo o dia beijo a noite,
com certeza não sou a mesma.
A brisa leve da esperança da pureza existe,
é só o que existe em mim.
Agora, neste instante, daqui distante de tudo, estou mais perto do mundo novo
e vasto a descobrir,
e oculto, sem certezas, como a vida.
Mas que destino senão o de pássaro, que vive a buscar sua peña mais alta?
Ele não se pergunta o porquê.
Simplesmente segue...

Mais...

Same colors holding hands looking for a
possible way together... so the stars were
telling us to come... to be strong and
full of faith... to be patience and love

de mim

Eu provei desse amor molhado sem pressa
cujo beijo deixa minha alma em festa
onde o coração toma o lugar da boca e a boca toma o lugar do coração
onde falo, as mãos, a língua, todo corpo se torna único e são
onde a espiral me faz respirar em suspiros
ou suspirar em respiros
onde já não sei mais de onde vem o prazer...
Eu provei desse amor, e agora? O que fazer?

A saudade é como chuva fina de outono:
constante e teimosa em querer-te aqui ♥

Mais de mim

Inverno doce como solstício de solidão
Temperatura agradável para se sonhar
Mas aqui do alto da montanha no meio da mata no silêncio de sua prateada noite meus pés estão fincados na terra
Terra esta que me basta...
não fossem seus anseios... tudo que ainda poderia fazer... e quer fazer, conhecer.
Mas aqui em meu lugar de pouso alegre
Quero retornar...

Não fique triste meu amor não faz mal
Nosso amor é atemporal
Hoje estou tranquila pois tenho certeza que te encontrarei
em qualquer lugar
seja no concreto caminhar ou no ínfimo estelar
Como a vida apresentar ou presentear
Não há limite no que é infinito de vidas de onde venho te buscar
Fique feliz meu amor não há fim no que tenho pra te dar
e sabes sempre terá aqui com quem contar
Já te disse quero te cuidar mesmo que a distância roube de
mim teu ar em todas as coisas o que é estará

Mais...

os pés suspensos da bailarina deslizam no céu azul de anil
ela anda desligada sem medo despreocupada feliz com seu segredo
dança, dança minha menina o seu destino descortina
rodopia solta soltinha de mãos dadas com seu parceiro
que lhe traz bouquets de cravinas flores de março pra te mimar
braços de homem pra te apoiar e chão pra te amparar
pra você não parar nunca de sonhar e sonhar... e sonhar

de mim

O Rap do Magrinho
Ele dança frenético
No compasso do samba funk
A passos de Michael Jackson
No piloto automático
Ícone do efeito mimético
Sem sapato sem bola
Se alimenta de cola
Ele é sem
Sem pai sem mãe
Em meio a automóveis
a noite vai vem
De vidro em vidro
De sopro em sopro
Alguns olhos faz chorar
outros ignorar
Que o magrinho some
Mas ele não para
seu ritmo é a fome

Mais de mim

Confortarte acostarnos besarnos
Ponerte en mi pecho, mi regazo
Y hacerte dormir, acariciar tu pelo,
despertarte, amarnos
Cosas simples, ritmo de la vida, quiero
así, que me llegue esta calma que está
por venir

Já que é da terra a minha condição
Deixa eu sonhar então
Nos meus sonhos não pertenço a ninguém
não me machuco nem firo
Sou só deles
Só dos meus sonhos
Eles me levam onde desejam ir
nas profundezas de seus ecos sem reverberação
sem consequências danosas
Somente o desejo puro e genuíno do que é ser humano
sem culpas sem maledicências
Um hiato um espaço vazio sem ruídos
Silêncio para os meus ouvidos cansados

Mais de mim

Um céu de estrelas paira sobre mim
E a estrela Dalva Vênus de minha Afrodite
Ela está vermelha de paixão
Silêncio da noite coberta de luz e sereno
Vontade de deitar ao relento a procura de constelações
que se conjuguem nosso encontro
É confortante saber que estás aí aqui nesse mundo estrelado
Pois brilhas amor no mais alto do maior brilho da estrela mais brilhante
Te deitarias comigo nessa miração?
E nos amaríamos com o calor de nossos corpos sobre o chão
uno com o universo
A desfiar cantigas do amor maior
Nós... entregues sob o peso leve deste céu
Nós... Um chão de estrelas

Deixa vir a lágrima lavar o que é impuro
Minha gira cigana não permite colisão
quer correr mundo voar mais alto para nunca viver sem paixão
Sou grande sou guerreira sou espartana
Escrevo minha história e a cada dia cresce minha força
E me tenho inteira na palma da minha mão
Sem julgamento meu cérebro minha cidade não comporta
superficialidades
vai carregando estandarte em punho o preço da sua felicidade
O princípio de tudo
A simplicidade
Estar com quem se ama é joia rara o mais puro diamante
às vezes, solúvel e doce feito açúcar na água
às vezes ácida, feito cobre
Forjada no ferro das minhas decepções.

Mais de mim

Poesia não é perda de tempo
Dorme o pequeno cão do meu lado
como se nem mesmo o insuportável trânsito de sexta-feira
importasse
Cão o tempo?
Penso juras de amor ao pé do ouvido
zerar toda reza, servir ao que vale a pena, fertilizar o solo
nosso de afetos, fetos, photos
Photosfera existe?
E o cão parece zombar de mim, teimosa que sou
Tudo que salva é a visão de um ser humano
em seu pleno vigor e beleza
e que assombra, vigora no espaço-tempo de minha penha
que não é pena, é paisagem de ave que se lança ao sonho,
que sente ser ainda melhor que as coisas "reais"
Meu pensamento é livre e ele não para de voar...
Longe do carro
Longe do cão

Parece até maldade de faltar pedaço esta saudade que não tem explicação
deflagra sem dó nem piedade sua viva carne desvairado equino
desembestado corre em direção ao Eldorado égua destemida suada
esbaforida melada descabida alucinada pelo seu bem e ele cavalo de raça lhe
crava a espora estrada de vida a fora e quase sem saber lhe faz sua escrava
fino cravo de essência rara Sinhozinho, sinhô de sua sinhara
preta por dentro por fora branca fêmea benzida quer lhe dar coxas ventre
dorso pra descansar seu rei sua dádiva seu espaldar
Ele paciente em seu trono
Ela dadivosa cadela de seu dono

Mais de mim

Gosto de me aventurar
Pisar nas pedras
O melhor chão
Sentir o espaço vazio
Que não é vazio
Silêncio que não é silêncio
Alcançar o mais alto cume
Pra esquecer de mim
Fazer pulsar o peso do meu coração

Tudo é motivo pra fazer poesia
Eu não digo nem sim nem não
Escuta
Sem palavras
Sem julgamento
Sem culpa e sem perdão
Estou onde quero estar
Sou quem quero ser
Me alegro sem precisar pedir

Mais de mim

Como derramar-se de lágrimas
Seu coração num suspirar de estrelas
seu ventre repleto de leite e vida se fazia
Estava plena e aturdida
sem espaço onde colocar as mãos
sabendo-se todos os lugares onde desejava pousa-las
Um certo desconcerto se lhe abusava
cada gesto seu ou palavra ou intenção lhe pareciam
inferiores ao expressar seu sentimento
Queria poder dizer-lhe que era o único o primeiro o
maior amor
que antes dele não houvera grandeza que se lhe
assemelhasse que era o mais lindo de todos os mortais
que a visão de seu ser lhe ofuscava a vista e que eram
dele todos os seus predicados todas as suas juras todo
seu ser que pulsa e que seria dele o seu coração por
toda sua vida
Por toda sua vida dele ela seria
sim e isso o peito lhe clamaria
E se certezas a vida lhe desse
pousaria para sempre seus olhos ínfimos de um azul que
se extinguiria
esse corpo de luz tão belo por dentro que assim reluz
toda força que não se pode ver a olhos nus
mas que lhe acolhe a alma que lhe estremece que a ela
mesma traduz

Para escrever é preciso estar tomado
Saber nada para conhecer tudo
Nem tanto atrevimento que não suave
Nem tanta dor que não humor
Exposto com a ferida aberta
Já não é só minha a escrita então secreta

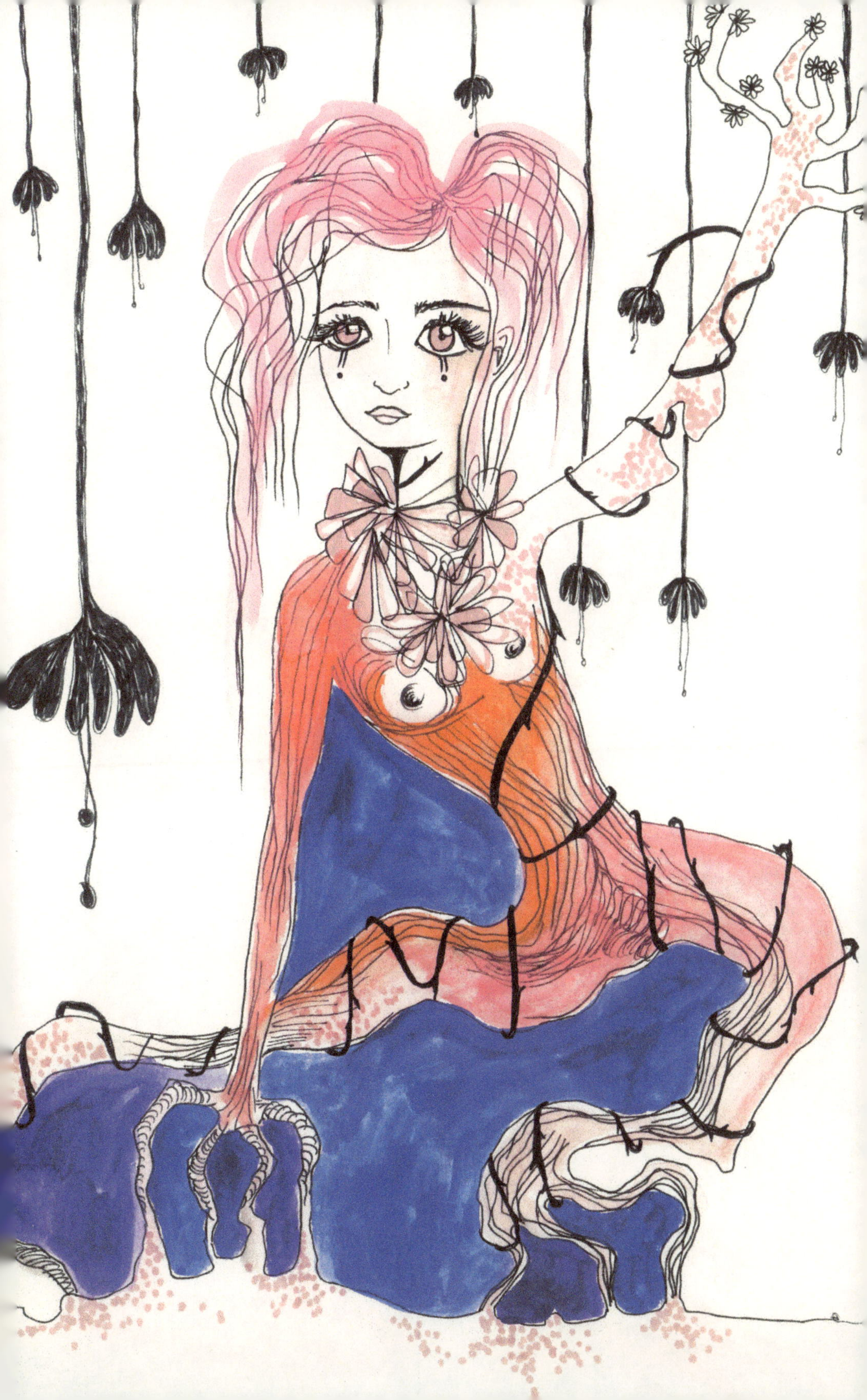

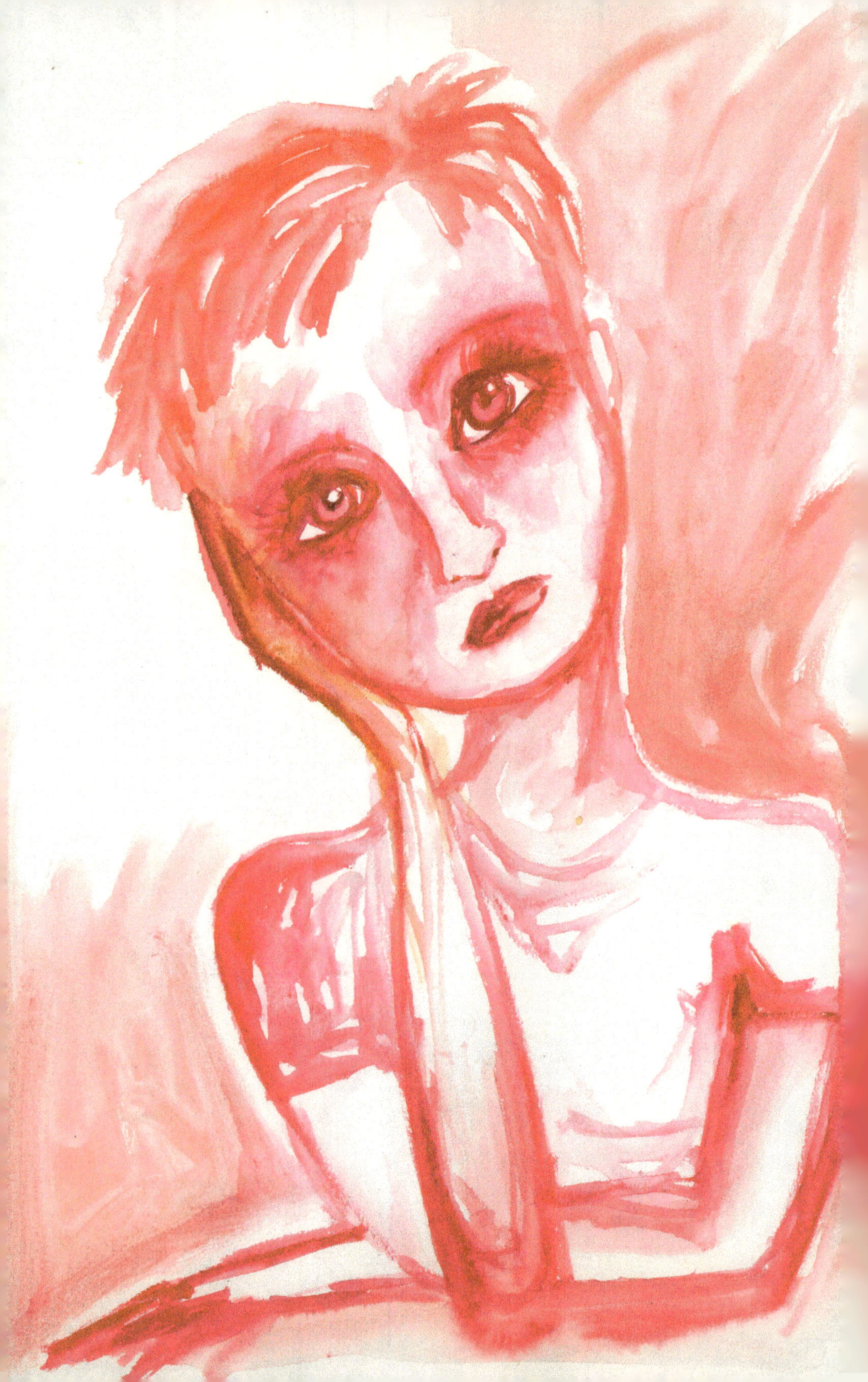

Mais de mim

É doce a brasa que enrubesce a face e me arrepia a pele
Quando o fogo a incandesce mais
meus pulmões inflam qual balão no ar e escapam de minha boca os ais...
Sou como Julieta em sua rósea fase de menina; não vejo nada... não ouço
nada... só meu coração suspenso, feito andorinha, pomba-rola, sabiá,
avoando, avoando pra beijar o néctar de minha flor
Ou seríamos dois manons a dormir sob o galho com seus corpinhos colados
aninhados um sobre as asas do outro a roçar penas com penas bico com bico
até o alvorecer alvorejar alvorar

Te estraño...
Me pongo a sonreir, me pongo a llorar
Soy extranjero de mi tierra
Que es la verdad en este mundo tan real?
La verdad es solamente, unicamente el sentir

Minha dor é só minha
sozinha
Ela não tem encantos
vai assim pelos cantos
Fica procurando lá fora
gritando pra ver se alguém se comove
Mas não adianta
não tem Engove
é fica olha e engole
mais um gole mais um gole
é tanta ressaca e pancada que um dia acabo achando que é mole
Cedo... cedo... mas não recuo
Dou o tempo da doença que é pra ver se ela passa
Passa, passa, tudo passa
mas a pureza da minha criança não morre

Mais de mim

Que vontade de te beijar louca que eu sinto quando você me vira as costas,
Você tem razão
E eu aqui, louca de tesão
Por você minha luz, meu bem, minha inspiração
Você me dá a oportunidade, a possibilidade de ser quem nunca fui...
E é inédito esse amor
É aquele dos cartazes de cinema
É como ímã
Quero fazer diferente, mas eu sei que dói
É você que eu quero na veia
Eu também não consigo dormir
Necessito calor na minha teia
Me atea!
E como num desenho
O sol vai sempre brilhar

Não sei explicar só consigo amar
Quem sabe um dia dar-te-ei por inteiro
meu mundo porque sabes
te quero no meu mais profundo

Moço bonito
Teu nome é saudade
Silêncio e mistério
Força e delicadeza
Te quero do amor à amizade
Quero cuidar-te
Quero-te perto simples assim
um afeto um dengo pr'a mim
Mesmo sabendo tão pouco os caminhos minhas
águas desaguam nos teus rios meus rios correm
pr'o teu mar

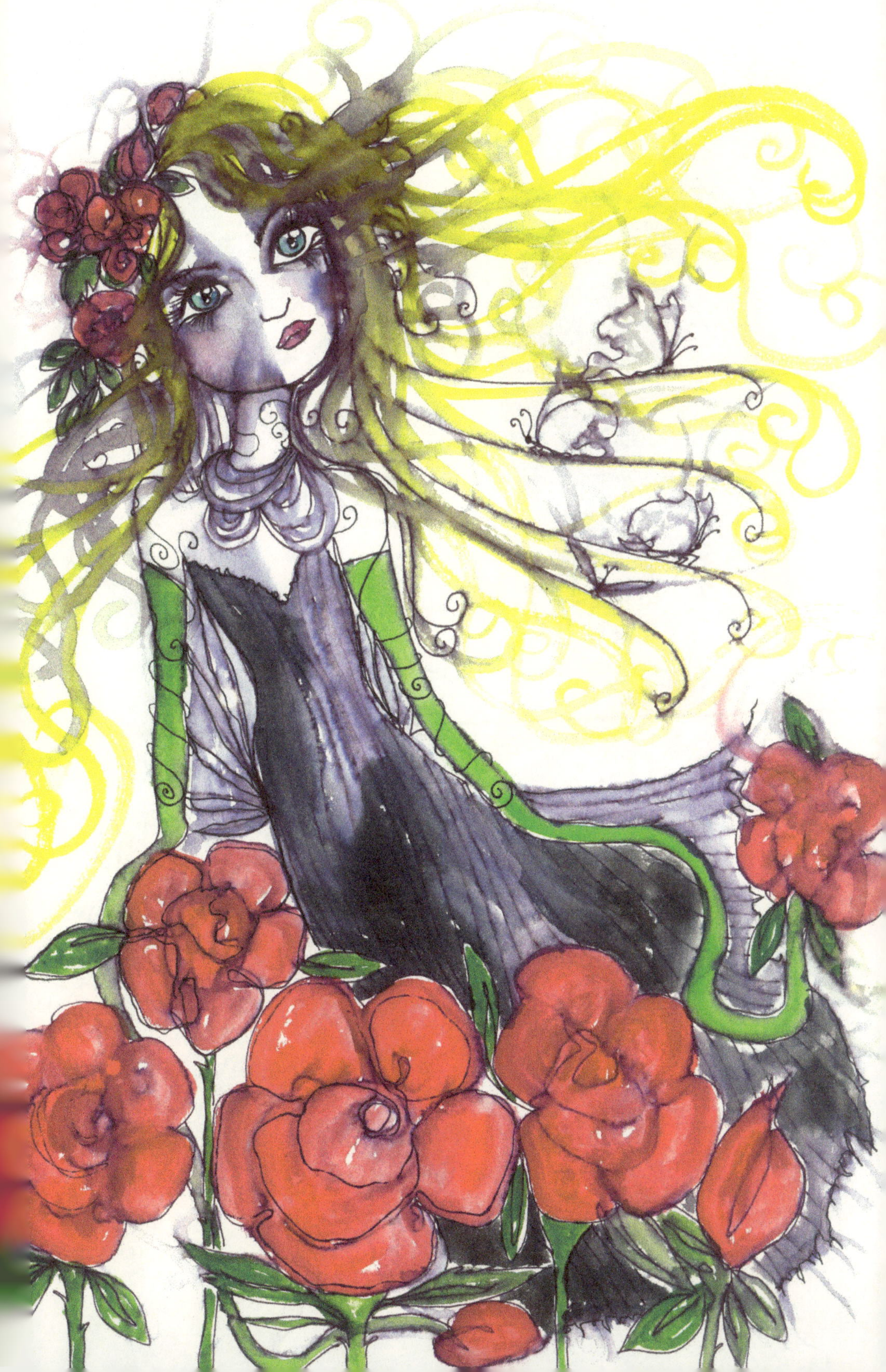

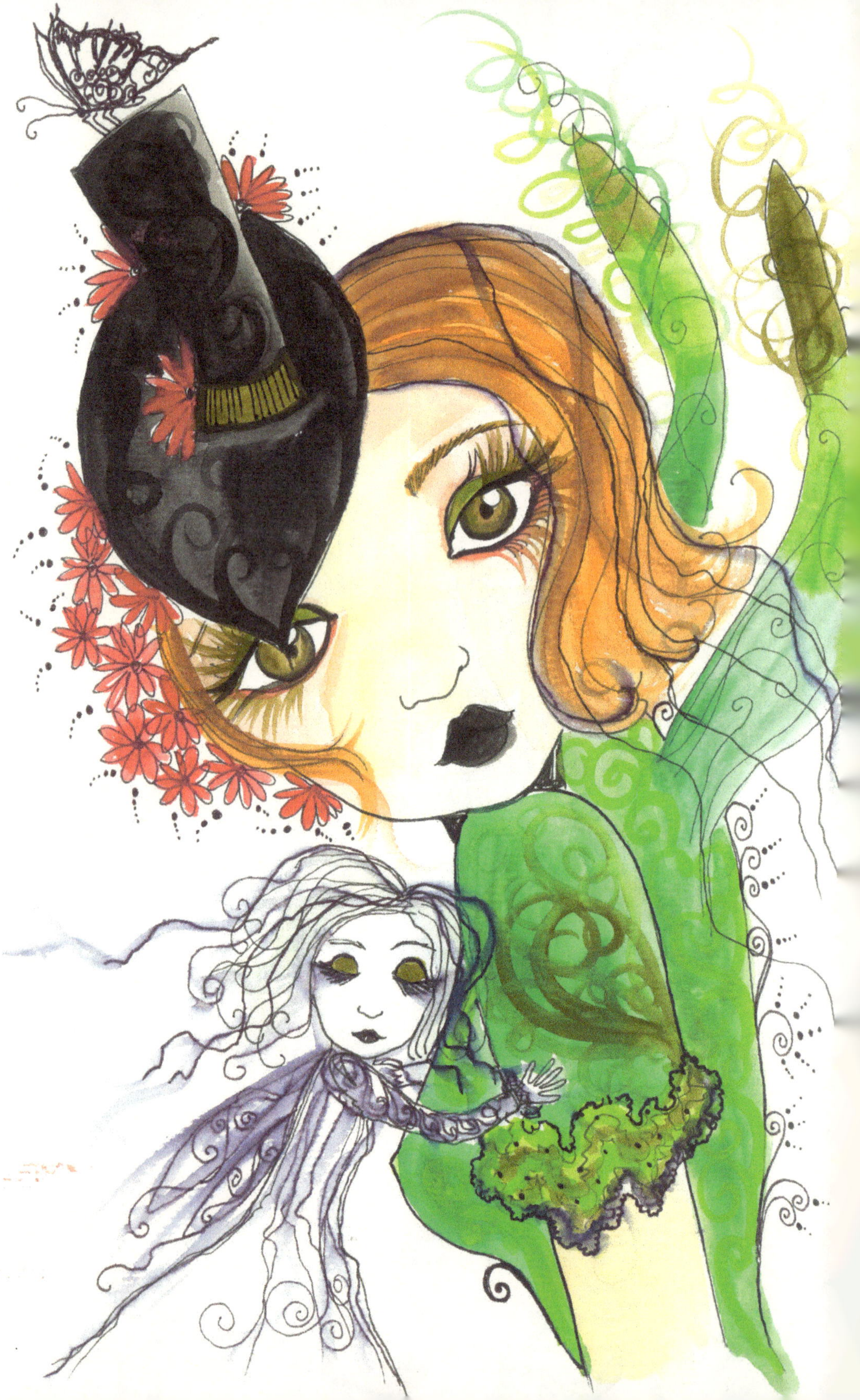

Mais de mim

Nem sempre meus olhos contemplam aquilo que desejam ver
O que lhes apraz o coração
A contemplação traz a dor nua e crua sem fuga para o êxtase
Êxito? Será esse o perdão? Ver a si mesmo naquilo que pensamos que não somos?
O sono vem de sementes mal plantadas, obsessões... abduzidos, iludidos, seguimos...
Mais cedo ou mais tarde, a dor nua e crua, sem fuga para o êxtase, o grito estridente do falcão, a dor lancinante da não existência, o abismo, a luz absoluta, a treva absoluta, ou seja, lá o que for, nos fará enxergar sem olhos, sem subterfúgios para a alma, fugas
Não teremos nunca escolha diante do crucial, da crueza da vida...
Somos o que somos,
Adormecidos ou acordados
Plenos ou aturdidos
Dispersos ou abraçados

Mais de mim

Certos amigos movimentam minha vida
Me dão mais conforto por identificar ali
Um entusiasmo emergente e urgente que paira sobre a Terra
Como neblina certa
Encobrindo os olhos de alguns
Se deixando revelar para outros
Jogando o jogo condizente, para depois se mostrar dando a cara a tapa
Querendo refazer o caminho da ascensão
Às vezes é duro admitir que faço concessões...
Mas procuro o prazer em tudo
Até nas coisas mais banais...
E me iludo, exagerado, sonhando e gozando e rindo de mim

Com você tudo sonho
Sonho sonhos acordada
Me lembro que esqueço
Toda dor vira delírio
Paisagens a quatro paredes
Embriaguez necessária
Uma pequena pausa para o sonho
Um breve hiato entre guerras,
Omissões, ideologias caóticas
e o nosso coração utópico, faminto,
Nossos calores e afetos

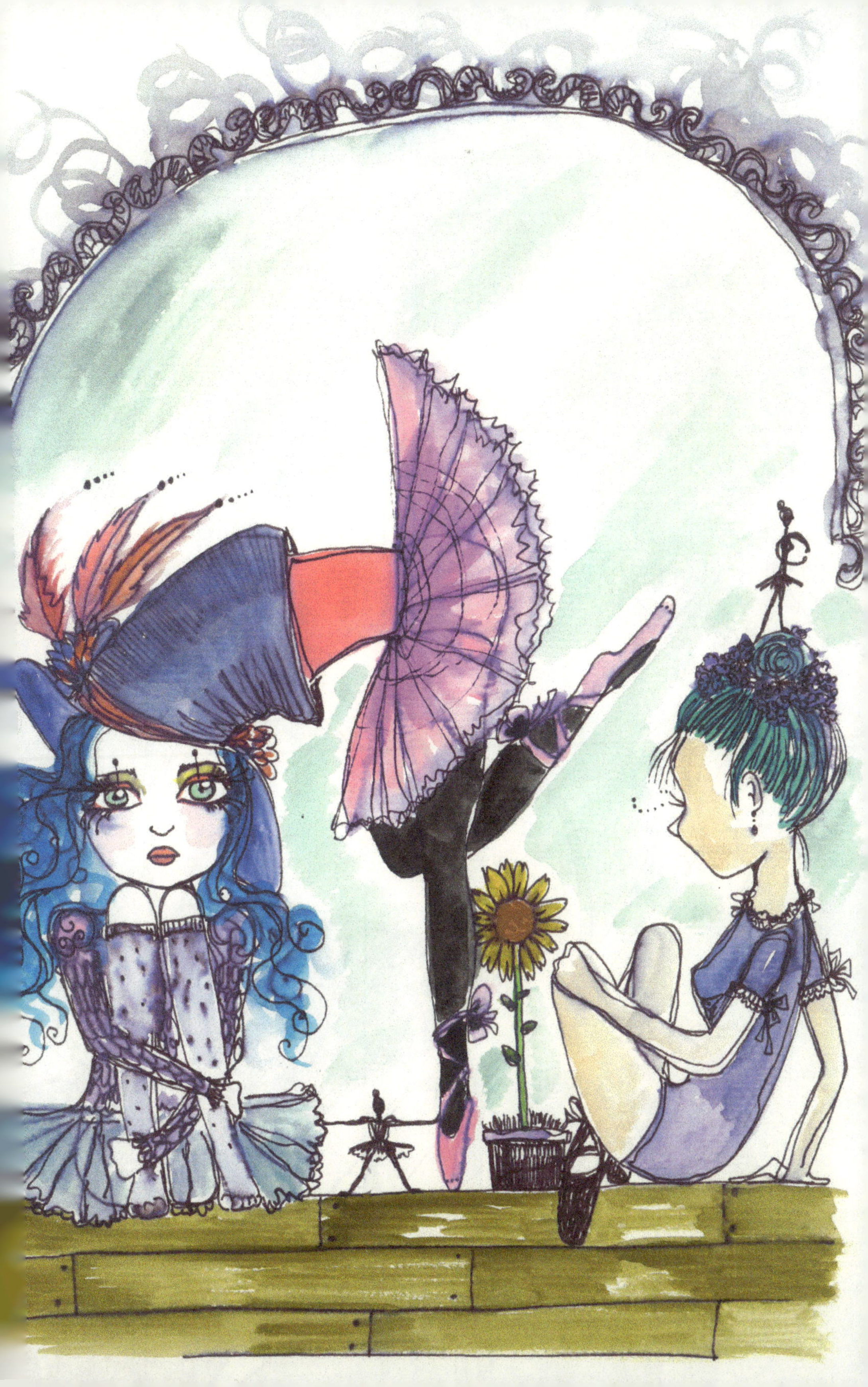

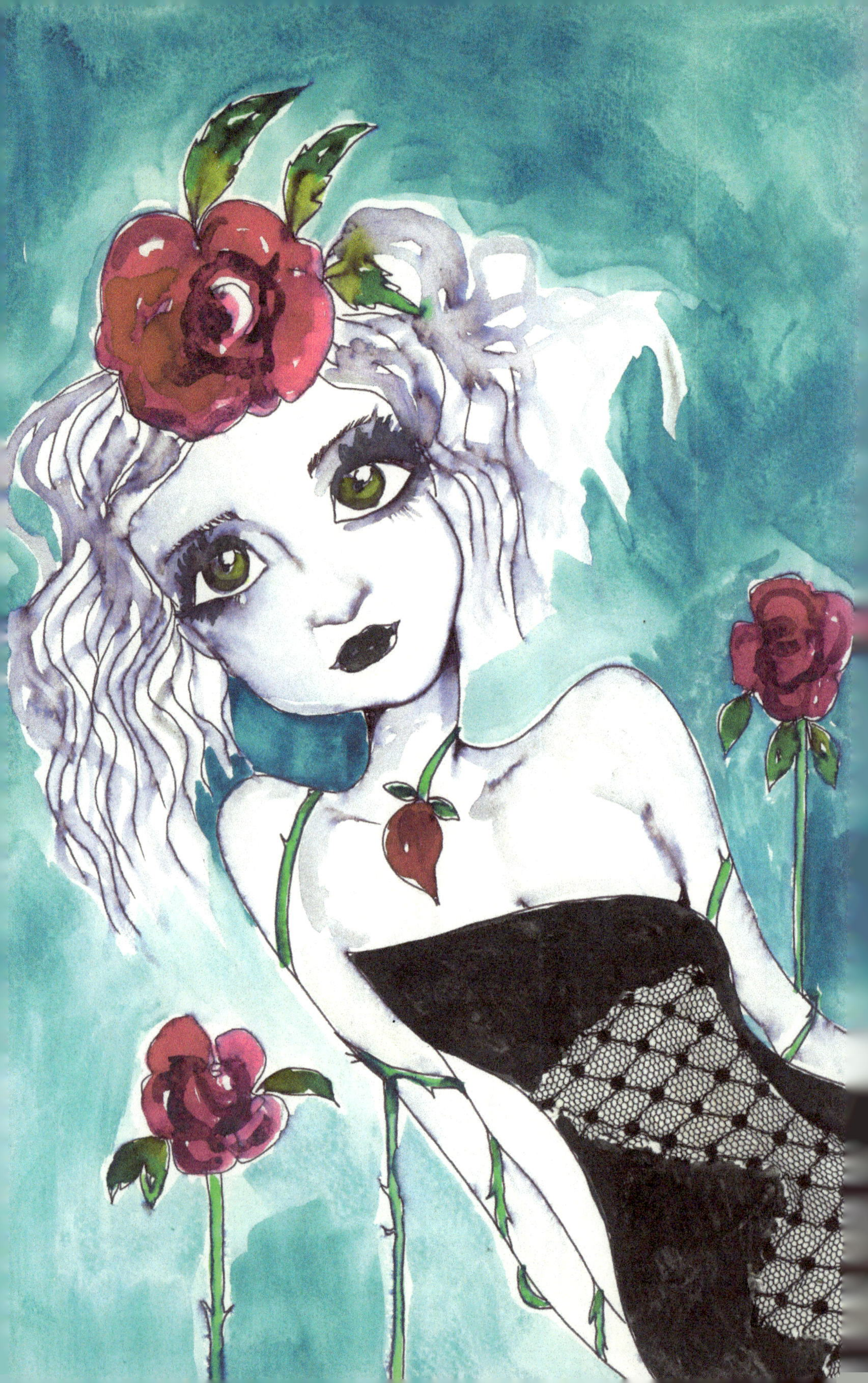

Mais de mim

O preço do meu ofício é ficar exposto
Expirar para zerar, esvaziar
A cada etapa da vida, o que te move,
O que te faz morrer para reascender e
Novamente mover... mobilizar para depois estacar
Num eterno movimento de subida
Inspirar os bons pensamentos
A confiança em mim
Aceitar tudo que vem e fracassar...
Temporariamente
Expirar toda injustiça e tristeza e
Tudo que não é essencial
E assim fazer do prazer o ofício
O sucesso é mais uma palavra
Inventada, ambígua
Vocação está além de qualquer coisa preestabelecida
E acima de tudo ser amoroso
Fé é disciplina
É prosseguir...

Somos o que somos
Adormecidos ou acordados
Plenos ou aturdidos
Dispersos ou abraçados

Mais de mim

Oscar Niemeyer 100 anos
"Combatente divino", "Lança dos deuses"
Na dança da vida o grande desafio é ir mais além
Além das próprias questões humanas
Além do ego destruidor... e construir
Sim, construir conhecimento, informação, relações, trocas, desejos mais nobres
que nossos próprios interesses
E você para mim, é um "Guerreiro da Liberdade"
Como Isadora, que ficou na história "por dançar como bem quisesse", mostrando
para o mundo que existe outra escolha além da forma dura e impositiva mais
óbvia da sociedade
Como Anita, que defendeu uma vida mais justa
àqueles que construíram o país no século 19 – O Povo
E não adianta negar:
O conhecimento é a chave para a efetiva participação da massa
E assim, pouco a pouco, como a água e como você,
Fazer curvas em pedras

Qué es la verdad en este mundo tan real?
La verdad es solamente unicamente el sentir.

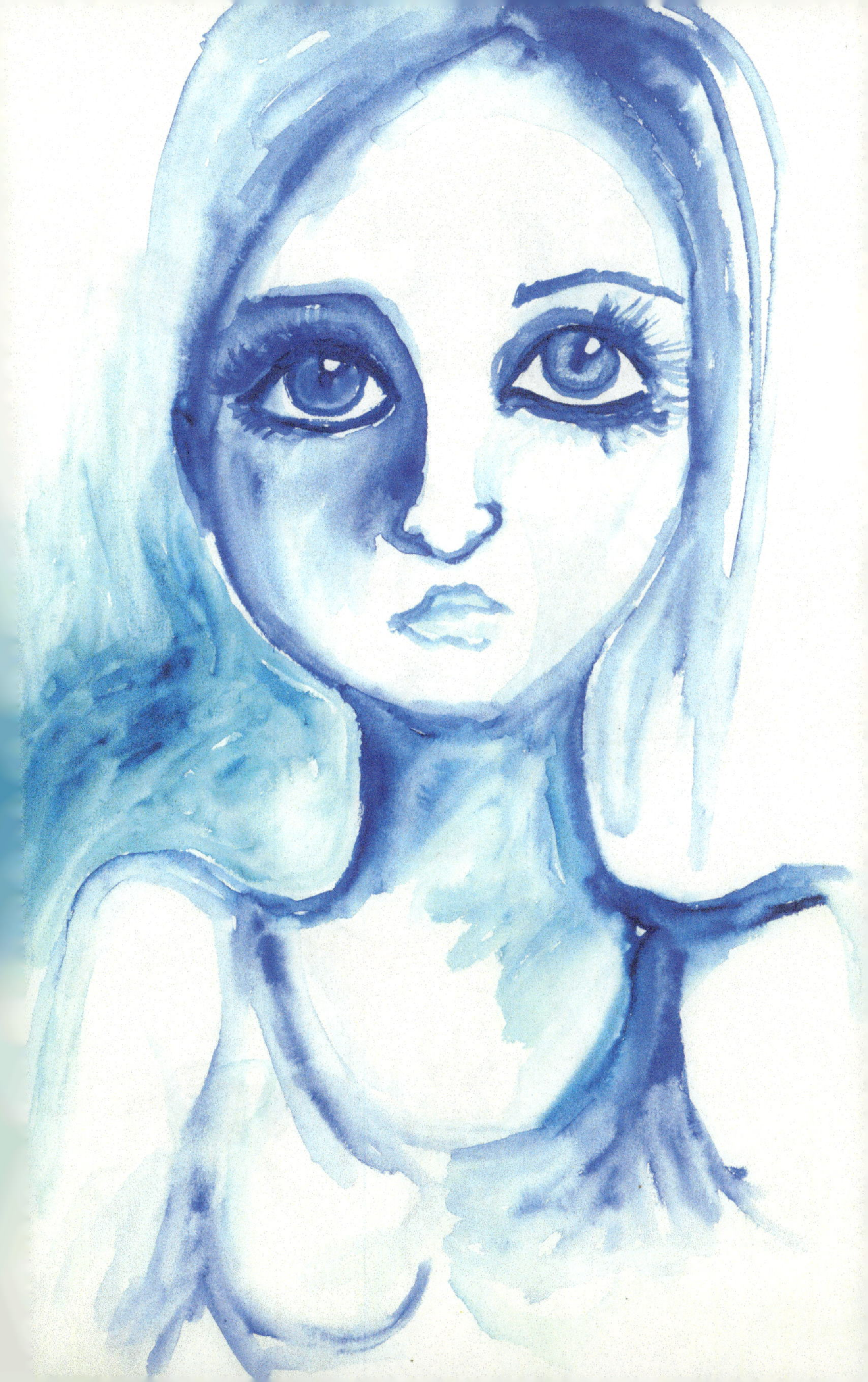

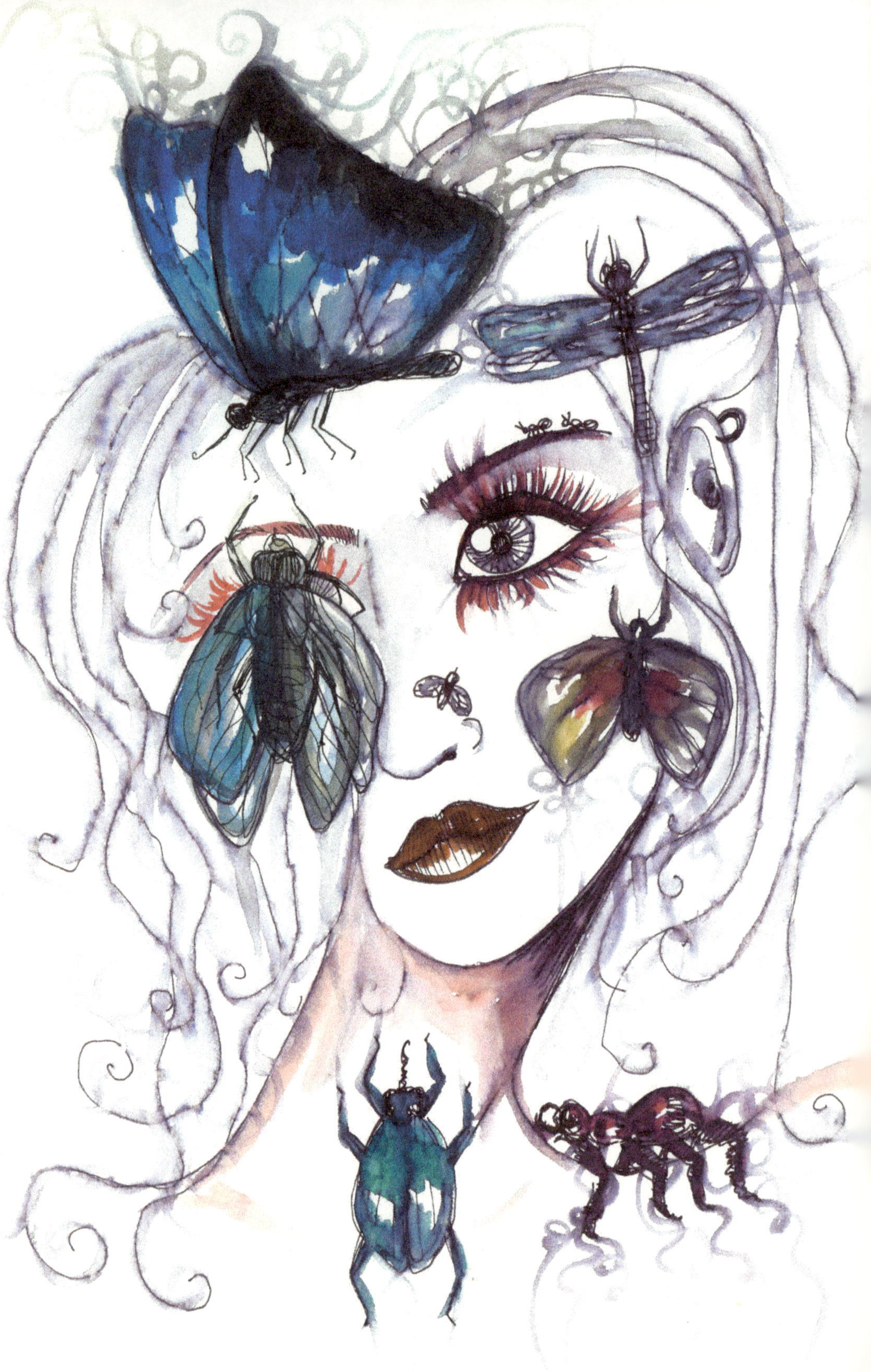

Mais de mim

Às vezes me dói ser animal
Sinto mesmo física a dor no coração
E meu precioso líquido materializa
a sensação
meu kamikaze espírito
é um eterno aviso de perigo: cuidado
sensibilidade à flor da pele
enxerga o que não lhe convém
não se enxerga, se abandona
se deixa levar por seus instintos

...a velha sinhára com o nome de Estrela me contou:
"Ninguém põe mel na boca e cospe"...
A doçura que não sai do gosto do afeto
Lembra chuva de saliva quente
Espera de mansidão
Colo macio de se abandonar
Cafuné em cabelo de anjo
Um espreitar despretensioso de sono velado...
Café da manhã da roça
Roçar de almoço e janta
Sobremesa de saudade
Calor de silêncio e rede de mato
Capim melado de melar a língua
Um soneto que não sonha fim
Aconchego bom de se dengar
É amoríndio que tenho assim em segredo que me arrebenta por dentro
Uma sede de água pura, um rio do meu mar
A flor preferida do beija flor
Erotiza o ninho a pulsar por ela
Nunca desperdiçar
o mel

Mais de mim

Plena, plena "Cashiri", que é lua
que sou eu mulher
ou seria menina que ao teu olhar
me transformo
Não desejo senão esse remanso de rio
onde posso descansar
plácida como o reflexo desse luar
E o meu sol, e o meu sol que queima
a brilhar
Sonho de se carregar no peito no meio da vida
Animal saciado de bons pensamentos que dá
vontade de tirar uma cesta...
Depois da fome o bem alimentar que se dá o
direito de afagar seu coração cheio de asas...
que são sonhos...que são vôos, que são desejos
do fundo, do fundinho mesmo
E tão cedo ainda é alvorada que se derrama,
que chora de felicidade e paz

No aço desse abraço me desfaço
No ferro da viga se constrói a vida
Que com esmero espero fração de momento no intento que serve de aleno para toda luta
Descanso do pranto, porto para abastecer, parada obrigatória de minha embarcação que navega na estação primeira do servir pioneira da devoção onde sempre há calor de verão acolhida de inverno,
sol de outono
Tudo para esta flor de primavera,
Querência eterna,
Anelo, anelo, este sonho, o mais belo,
Singeleza da delicadeza, o elo

Mais...

A saudade existe para lembrar que somos seres resgatados
Arrebatados pelo impulso divino
O contato também se estabelece no sutil
A possibilidade destes encontros pode parecer abstrata na concretude do meu olhar terrestre
Mas meu sentir a olhos nus me transporta procurando aconchego na nudez dessas almas...
Tentando unir-me a este ser disforme através de suas infinitas formas
Àquelas a quem a saudade me faz lembrar...
Solitude
Happy, grow up!!

Gosto de sentir que roço na pele do Rei
Ele me traz a doçura que vem do néctar
Por vezes me confundo quando ele me lança seus sinais de "inferno" e de "céu", de "bem" e de "mal", de sol e de lua
Tenho tanto amor ao sol, tanto à lua...
Meu corpo inteiro grita quando ele me mobiliza com o seu movimento
Faz tornar-me irreconhecível
Sou um ser serviçal
Quero estar disponível para ele
Este que me rege, que me guia por suas estradas tortuosas, incertas e tão almejadas
Eu peço, eu digo: eu sou ele!
Sou o que é, aqui, agora
O que é real e irreal
O dia em que apenas isto me bastar,
aí sim, estarei aqui

de mim

Depois de ter tatuado no corpo as asas de meu amado
Entendi, compreendi
Não, nunca, jamais guardarei rancor no meu peito
Na pele e na serpente feita de nuvem, minha alma; o gozo, o suor, o sol, o aço,
o sorriso largo, largo, esperando que ele se manifeste a cada instante
Amado
Sangue, meu sangue
Teu corpo no meu corpo
Na pele esse sol
No sangue o aço
Sim, o servidor está disponível para a luta!

Mais...

Vem pássaro veloz
Me ensina tua vida
Me enche de força para a batalha
Me mostra a trilha para a liberdade
Tão amoroso
Quanto amor o meu pássaro tem a dar
Quanta firmeza e tranquilidade
Chegou em momento derradeiro
e cheio de verdade,
o mensageiro do amor
Alegre feito criança, destemida luz que vai guiando a todos
Poderoso e doce como a baunilha
Meu coração chora de alegria e saudade
que se adianta
Mas que segue plena do teu sorriso
Sim, vou pensar que faço parte do teu sangue, porque sim, eu faço
Graça! Graça!
Alegria que o mensageiro está chegando e vai contagiar você!
(poema para o pagé Beija-flor Benki Ashaninka)

...assim que o vento uiva
Bater de portas incessantes
Um ruido de varredouro de alma
Com seu leque de folhas a balançar
Revirando com total verdade

de mim

Uma velocidade máxima turbilhonar na futurista era presente
Onde está o apaziguador do pensamento?
A fome é outra...
Que poderia me alimentar de pequenas doses...
sentimentos e emoções me bastariam
Mas preciso viver de pé, pisando mesmo a terra de folhas,
de raízes e cipós
Existe uma cidade dentro de cada cérebro; arranha-céus
iluminados de néon que ligam um nervo a outro
Assim também viaja o pensamento...

O COBRE DA COBRA

Eu vi a cobra na sauna com seu olho de néon
Ela dizia não me mate baby
Sua segurança é seu dom
De me deixar viver
de saber que o perigo é eminente
Mas quem mata é o desespero
O desespero baby
O corpo suave da cobra de pele sem pelo
O meu corpo quente lavado sem medo
Você sabe bem o que te mata
E o que não te mata
E o que mata mais que cobra é o rancor no coração

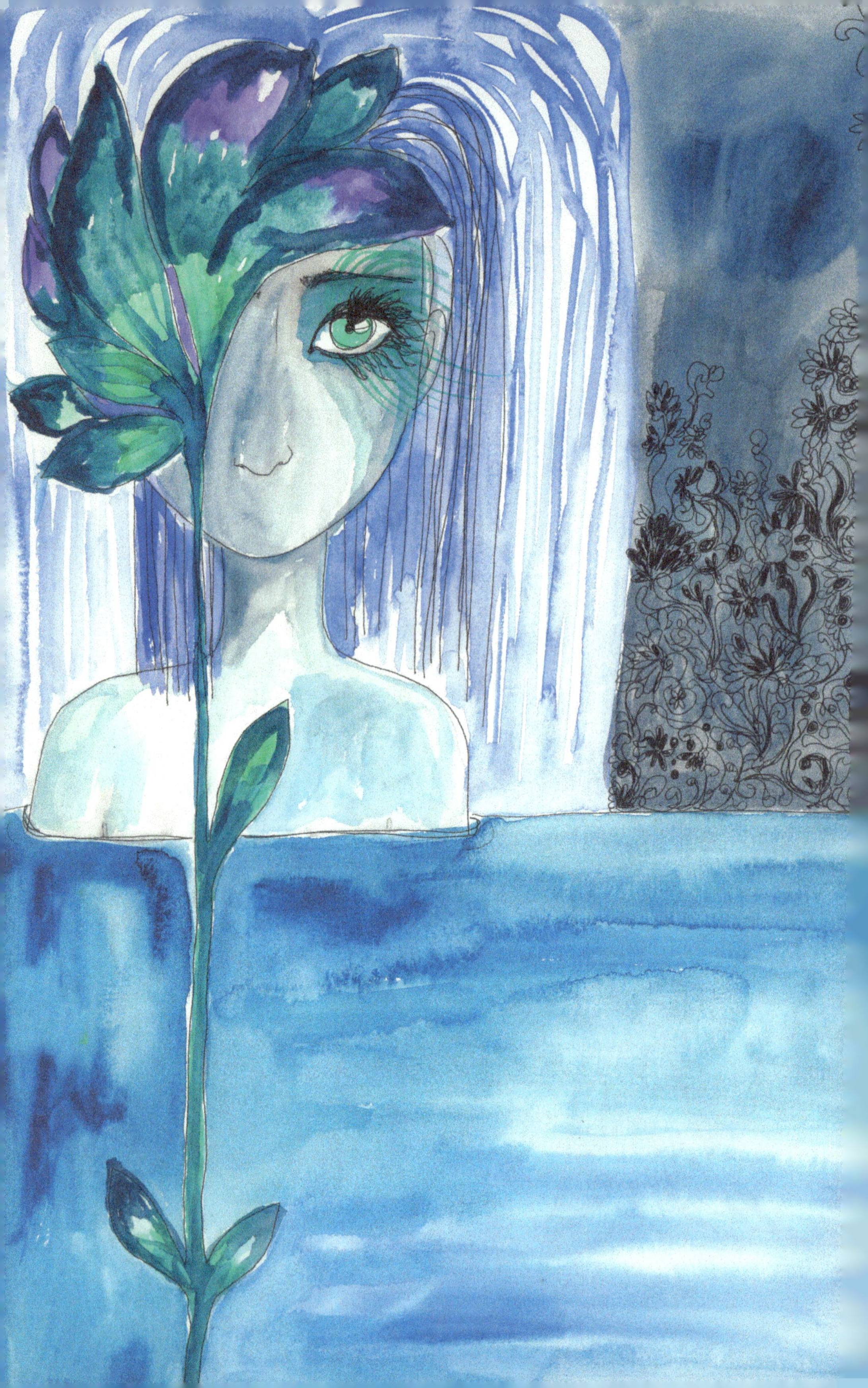

Mais de mim

Colar de sereia marinheiro só cantiga
que pede amor mensagem engarrafada
do além-mar pra dizer que você é paisagem
doce acalentar pra impressionar
o impressionável eu que sou líquido e
me desfaço sou ar e me desfaço,
sou fogo e me desfaço e a terra que
me fala toda que primevo! Que primata!
Quero ser prata ouro e cobre escondido
vulnerável às tuas mãos de bandido
Todo meu tesouro destino do teu leme
minha poesia a você endereçada
amor de vida mia corsário de vida mia
criança linda e homem de minha vida
pirata ladrão de coração bandidagem
tiro certo no peito Paixão... Paixão

Confesso a mim nesta nota todo meu desejo
de mulher perdida ou encontrada que estou
um doce coração me encanta, sua presença um fascínio
seu pensar de inspiração, sua calma que enleva
calor que embala os sonhos meus, seu corpo que
é puro tesão, perdição, perdição... Quero mais me perder
sem ter preocupação, na luz desse olhar vou me lançar sem saber,
sem entender o que faz tremer e disparar o coração...
de flechas, de raios de trovão que soa que sou,
de doçura, de vigor, de paixão que ele é, de caça, de caçador
que somos nós, de delicado relicário que me faz orar
e acreditar assim, pra dizer que sim, que ele é tudo pra mim

Mais de mim

A chuva cai mansa lá fora
E torrente lava-gente
A gente e o imanente dentro da gente
O impermanente; o permanente dos cabelos -tentáculos em todas as direções
Fã obsoleto
Raio que corta e mata
E chuva mansa na mata
A fruta que brota no meu quintal
O hóspede, o visitante que a come, que cospe, que afaga e que arranca
O perto, e de tanto medo do perto; o longe
Ou, tão longe, de tão perto
Cabaça canoa, taça que leva essa água corrente é o meu corpo
Pedra dura e lisa, gosta de ser alisada
Pedra-dor, predador de mim mesma
Garganta profana e profunda
Quer lamber todos os potes até chegar ao néctar...
Eu, como uma uva-passa, serei eroticamente lambida dos pés à cabeça
Um sopro tesão dessa criação!

Existe algo que é eterno para além do corpo impermanente. E esse algo é um estado permanente de enamoramento e encantamento. É um caminho que encontro dentro de mim e onde todos os pedaços de mim se encontram. Aqueles a quem minha alma abarca, soma e cuida Esses pedaços estão fora de mim espalhados, cada um em seu mundo. Mas juntos eles fazem parte do todo que há em mim. O que importa é o agora, mas não esse agora que é mutável a cada segundo. Mas o agora da única certeza que posso ter além da morte; a certeza de que os levo comigo no sentimento mais nobre e unificado: o amor.

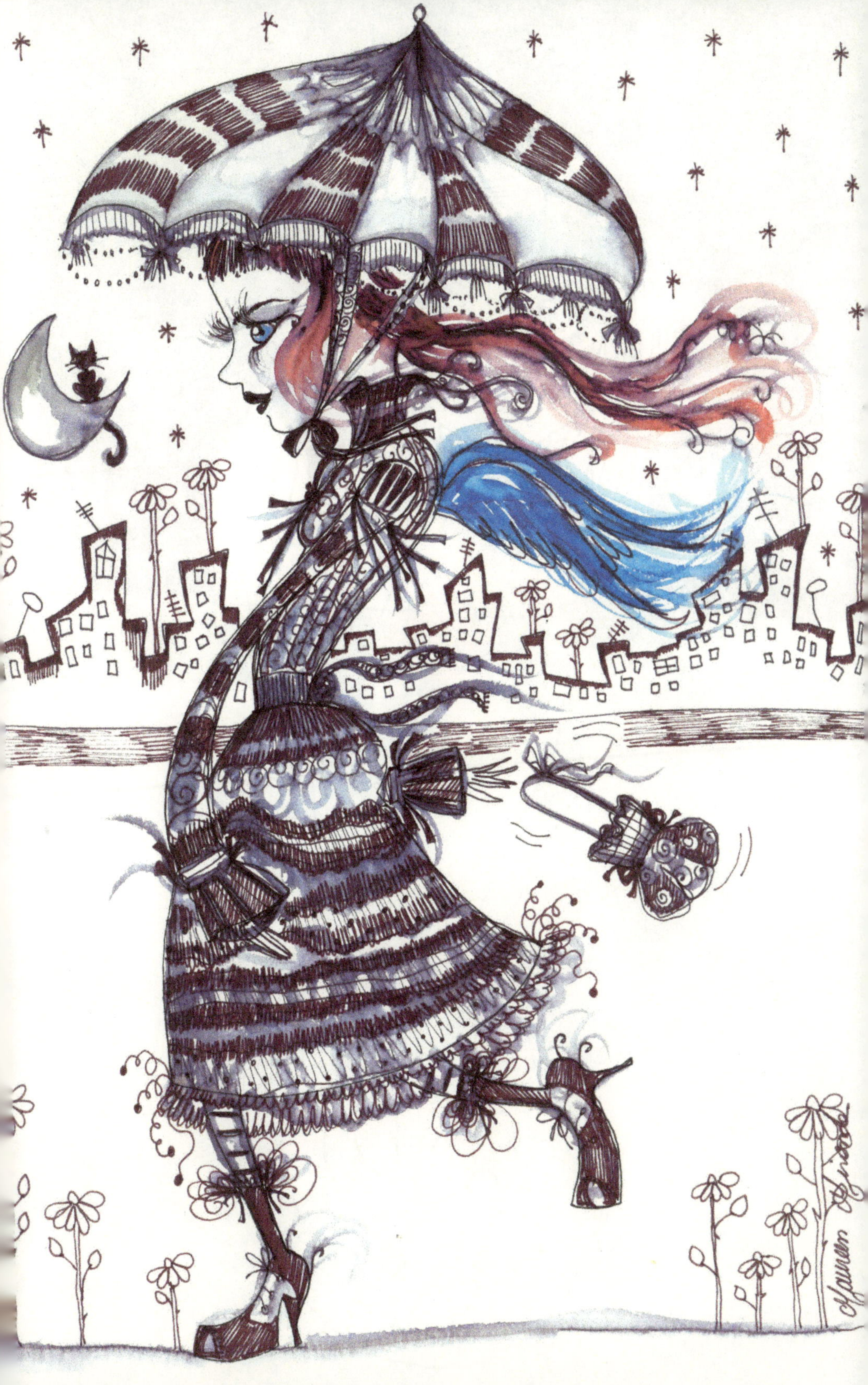

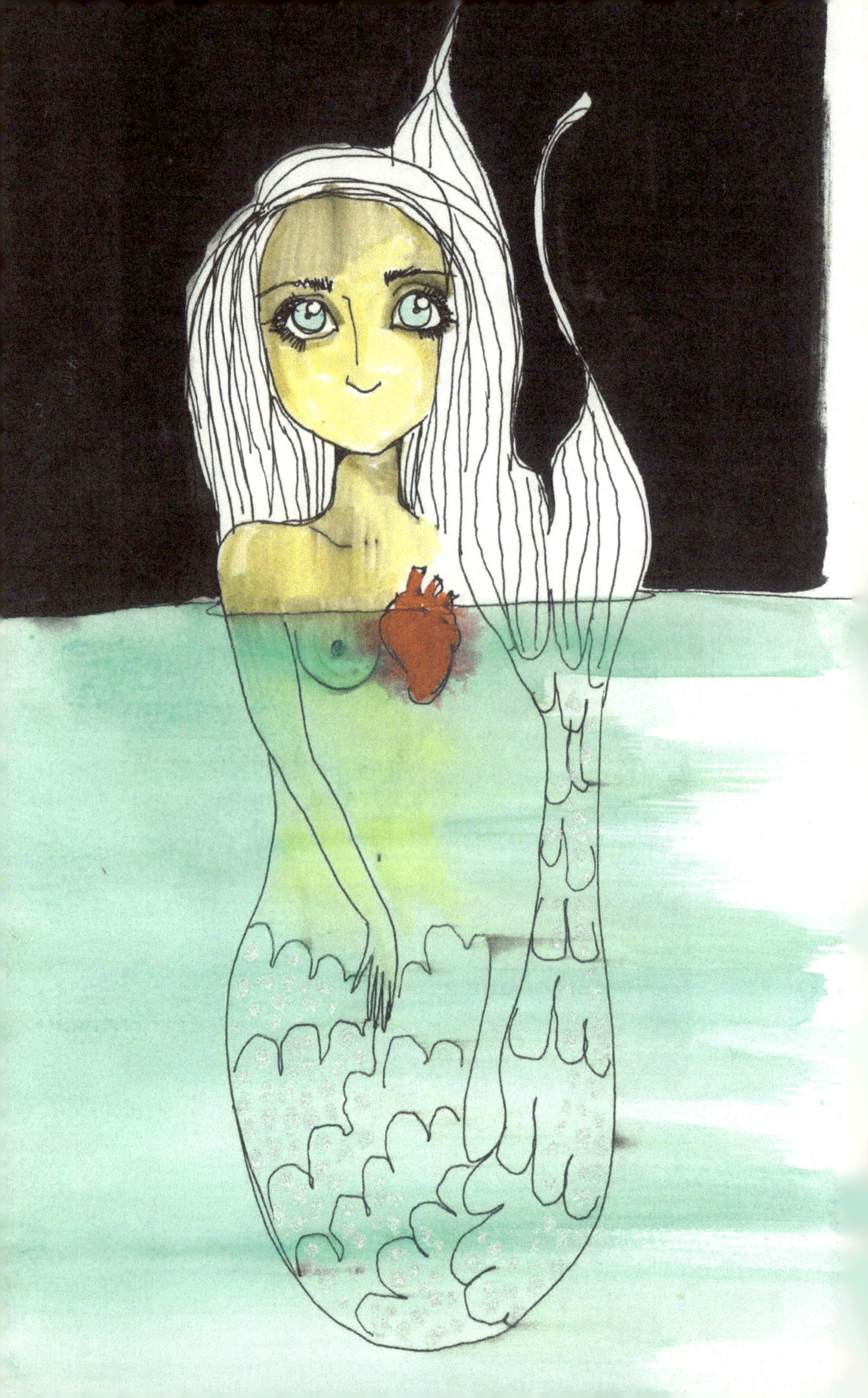

Mais de mim

No fim,
o princípio...

Sem mim, não haveria esse 'mais de mim'. Aliás, sem vocês, não haveria 'mais de nada'. Obrigada por me trazerem a vida, obrigada por me darem uma vida. Para vocês, não há um 'mais de mim', sempre fui toda e inteira, afinal, sou vocês em uma, em corpo, alma e amor.

Mais...

Mãe

Mulher que nos deu a luz, dedicada, protetora, fonte, origem.
Palavras não são suficientes para traduzir o que é incomensurável na grandeza e na individualidade de cada ser: mãe.
Com você aprendi a alegria, a superação, a força.
Aprendi também que somos diferentes na forma de pensar
e isso me ensinou a respeitar.
Percebi com o passar do tempo, que toda minha insensatez juvenil se relativizou quando eu também me tornei mãe; pois até então não tinha aprendido a olhar para o outro.
E dia após dia nos tornávamos mais e mais parecidas... no signo, no ascendente, nos erros e acertos.
Valery, aquela que é valente, forte e saudável; este o significado de teu nome.
E estás aqui! Aos 85 anos, no ano de 2017,
Lúcida e nos apoiando sempre!
Obrigado por tudo! Pela vida! Gracias, gracias e graças!
Obrigado Deus por estares aqui!
Te amo, Mamy!

de mim

Pai

Paciência, virtude tão almejada
"A ciência da paz"
Talvez a mais difícil de ser alcançada
Mas também a mais simples
Aquela que traz perseverança e lembranças boas...
Que desde pequenina ouvia este sábio conselho de meu querido pai
Lembro de ser esta a palavra mais marcante em sua boca...
Ele que se fez sereno ao longo de todos estes anos e traz consigo uma saúde de leão
Já se passaram 92 e uns 40 desde que aprendi a dizer te amo

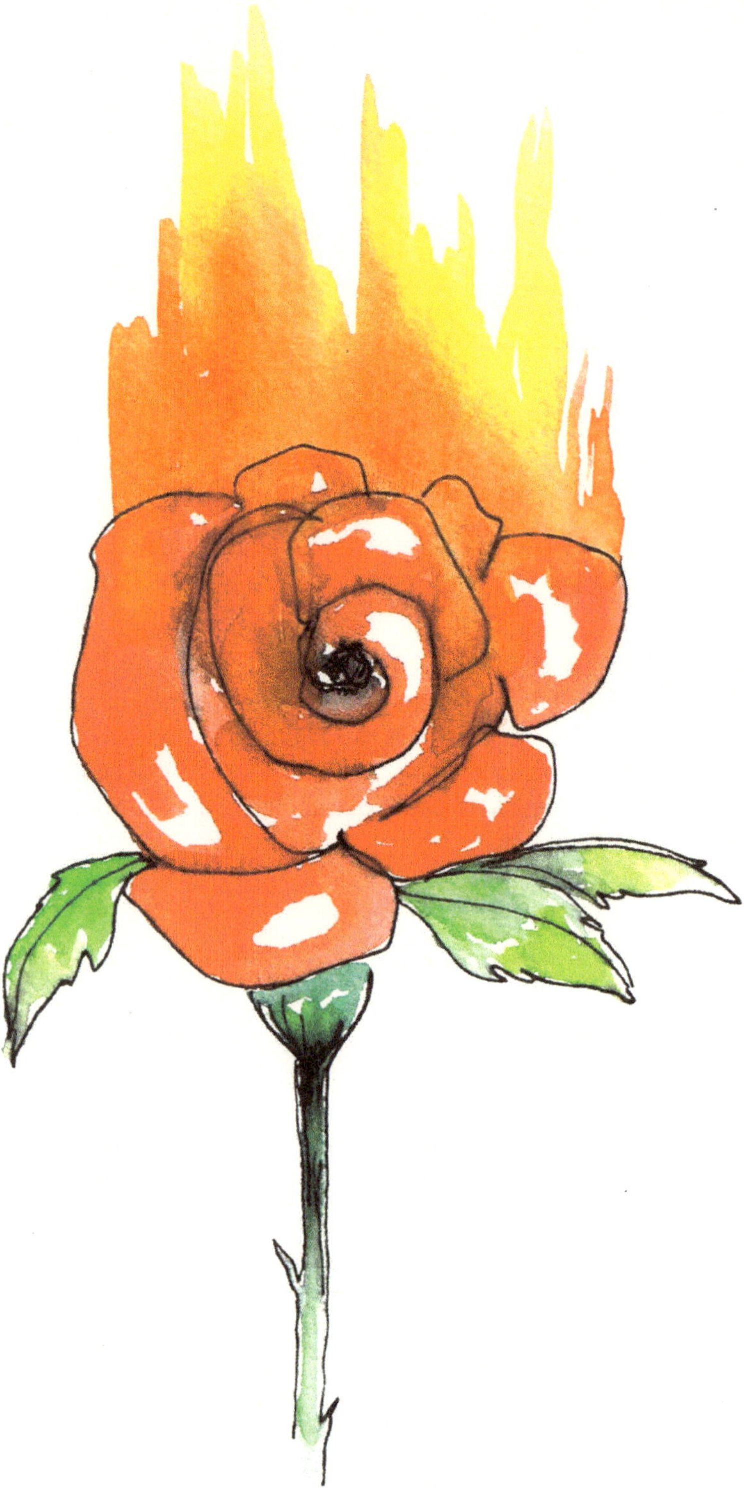

Mais de mim

Letícia Spiller

é atriz, diretora, produtora, cantora e poeta. Nos palcos do teatro atua desde pequenina, estreando no teatro profissional em 1994. Na TV Globo, atua em novelas de 1992 até os dias de hoje, e nos cinemas, desde 1997. Além de atuar, produziu os filmes *Joãozinho de Carne e Osso* (curta-metragem) e *O Casamento de Gorete* (longa-metragem) pela sua produtora Paisagem Filmes. Atualmente participa de grupos de performance de canto, dança e poesia como *Coletivo El Camino* e *INFUSION*.
Seu site é: www.leticiaspiller.com.br

Maureen Miranda

é uma artista multifacetada: atriz, diretora, artista plástica, ilustradora e figurinista. Nascida em Pato Branco, divide-se entre Curitiba e Rio de Janeiro, onde acaba de participar da supersérie "Os Dias Eram Assim" da TV Globo, sob direção de Carlos Araújo. Atua também em sua própria companhia de teatro e desenvolve diversos projetos de cinema, um deles, com estreia prevista para o primeiro semestre e, outro, para o segundo. Em paralelo, realiza trabalhos em todas as áreas, um site de obras originais e uma marca de roupas que leva o seu nome. Em Curitiba, possui um atelier onde desenvolve as suas criações, sendo, a mais nova, intitulada: *Os Monstros*.
O estilo dos seus traços ela descreve como barroco contemporâneo, as técnicas mais usadas pela artista é aquarela e canetas diversas sobre papel.
Seu site é www.maureenmiranda.com.br

Livro para ler, guardar ou colocar na parede!

amostra

Baixe uma amostra do livro com 5 poesias e ilustrações em alta resolução para você imprimir e guardar ou presentear alguma pessoa querida.

https://conteudo.dvseditora.com.br/amostra-mais-de-mim

AbajouR BOOKS

www.abajourbooks.com.br